くらはしれいの
不思議の国のクロスステッチ

crossstitch in wonderland

［著者］くらはしれい　　［刺しゅう］加納博子

日本文芸社

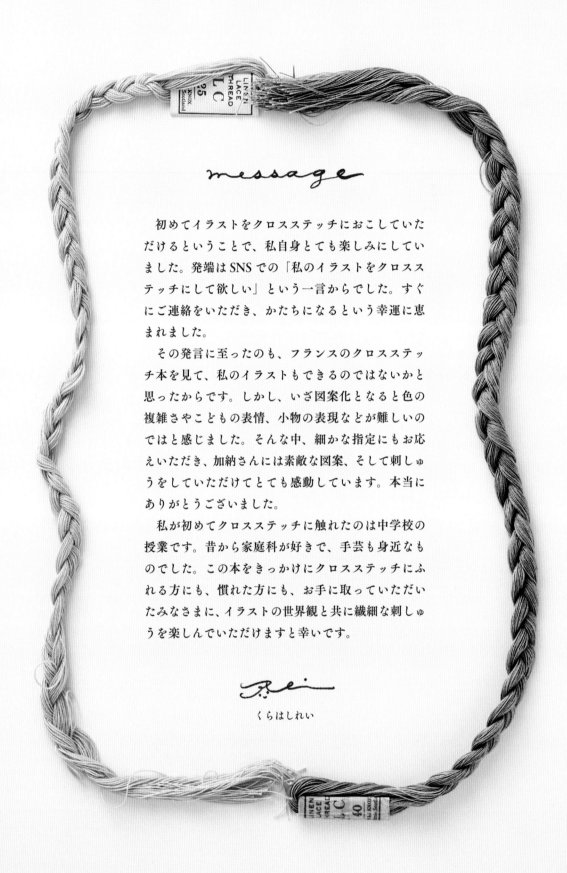

message

　初めてイラストをクロスステッチにおこしていた
だけるということで、私自身とても楽しみにしてい
ました。発端はSNSでの「私のイラストをクロスス
テッチにして欲しい」という一言からでした。すぐ
にご連絡をいただき、かたちになるという幸運に恵
まれました。

　その発言に至ったのも、フランスのクロスステッ
チ本を見て、私のイラストもできるのではないかと
思ったからです。しかし、いざ図案化となると色の
複雑さやこどもの表情、小物の表現などが難しいの
ではと感じました。そんな中、細かな指定にもお応
えいただき、加納さんには素敵な図案、そして刺しゅ
うをしていただけてとても感動しています。本当に
ありがとうございました。

　私が初めてクロスステッチに触れたのは中学校の
授業です。昔から家庭科が好きで、手芸も身近なも
のでした。この本をきっかけにクロスステッチにふ
れる方にも、慣れた方にも、お手に取っていただい
たみなさまに、イラストの世界観と共に繊細な刺しゅ
うを楽しんでいただけますと幸いです。

くらはしれい

contents

chapter 1

不思議の国のこどもたち

ブレーメン
p.14・15

セーラー
p.16・17

家族
p.40・41

天使の日
p.18・19

人魚
p.20・21

Sweet Dream
p.24・25

ダンス
p.44・45

黒猫と女の子
p.32・33

ラッピング
p.28・29

おやつの時間
p.34・35

兵隊さん
p.36・37

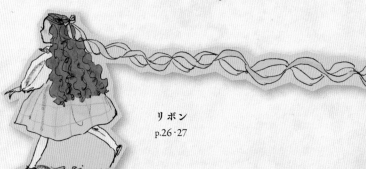

リボン
p.26・27

太陽と月
p.42・43

みずたま
p.38・39

ねこふんじゃった
p.22・23

針供養
p.30・31

You are
the cutest
in the world

動物たち
p.46・47

花と女の子
p.48・49

Spring
p.50·51

Summer
p.52·53

Autumn
p.54·55

Winter
p.56·57

chapter 4
こどもたちの春夏秋冬

Rose
p.58·59

なつやすみ
p.58·59

魔法使いの女の子
p.60·61

ふたご
p.60·61

春のこどもたち
p.62·63

夏のこどもたち
p.62·63

秋のこどもたち
p.64·65

冬のこどもたち
p.64·65

原画を図案化する際に省略、変更している部分があります。

ようこそ不思議の国へ

－作品と図案－

ブレーメン

- **図案サイズ** （約）横14.8cm×縦18.6cm（81マス×102マス）
- **布** DMCリネン28ct（842）

※額装する場合はp.72参照

□ = 織り糸2本×2本
◪ = ⊠ スリークォーター・S

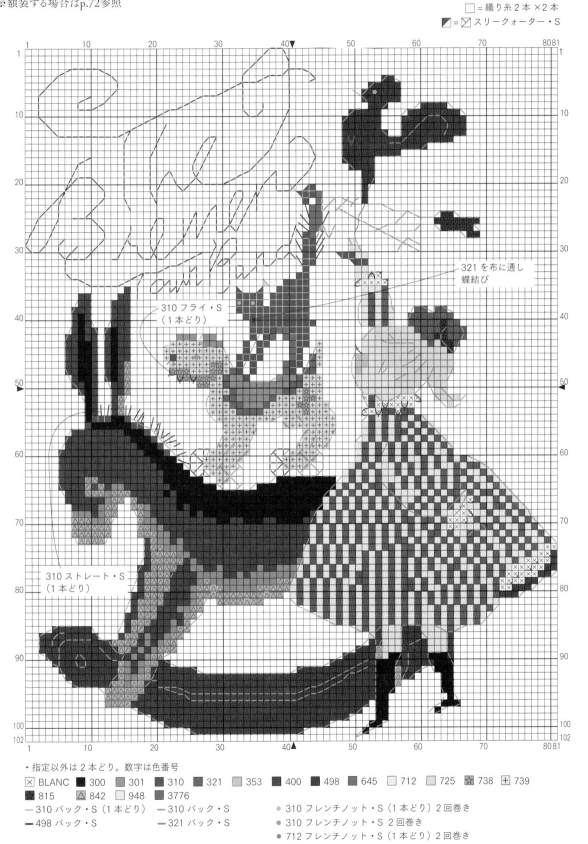

310 を布に通し
蝶結び

310 フライ・S
（1本どり）

310 ストレート・S
（1本どり）

・指定以外は2本どり。数字は色番号

| ⊠ BLANC | ■ 300 | ▨ 301 | ■ 310 | ■ 321 | ▨ 353 | ■ 400 | ■ 498 | ■ 645 | ▨ 712 | ▨ 725 | ✦ 738 | ⊞ 739 |

| ▨ 815 | △ 842 | ▨ 948 | ■ 3776 |

─ 310 バック・S（1本どり）　　─ 310 バック・S
━ 498 バック・S　　　　　　　　─ 321 バック・S

● 310 フレンチノット・S（1本どり）2回巻き
● 310 フレンチノット・S 2回巻き
● 712 フレンチノット・S（1本どり）2回巻き

セーラー

■ = ⊠ スリークォーター・S

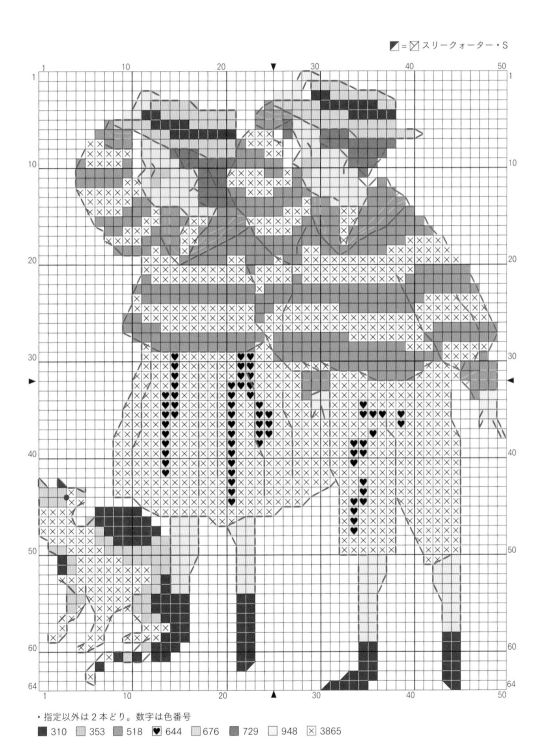

・指定以外は2本どり。数字は色番号

■ 310　▨ 353　■ 518　♥ 644　▨ 676　■ 729　□ 948　⊠ 3865
― 518 バック・S（1本どり）　― 3865 バック・S（1本どり）　―3799 バック・S（1本どり）
● 3799 フレンチノット・S（1本どり）2回巻き

天使の日

□ = 織り糸 2 本×2 本

310 フライ・S
（1本どり）

・指定以外は 2 本どり。数字は色番号

⊞ BLANC	■ 310	# 334	353	▨ 420	◈ 437	522	642	B 644	712	720	725
739	782	803									
819	823	A 920	3746	★ 3768							

━310 バック・S（1本どり）　━310 バック・S　━725 バック・S

人魚

- 図案サイズ　（約）横15.9cm×縦21.3cm（87マス×117マス）
- 布　DMCリネン28ct（312）

□ = 織り糸2本×2本

931 バック・S

3799 フライ・S
（1本どり）

・指定以外は2本どり。数字は色番号

⊞ BLANC	153	208	518	519	543	702	703	❎ 722	734	☒ 762	819	◇ 841	★ 931	932
3012	# 3045	3046	• 3752	3753	3761	♥ 3779	3799	3821	3827	▲ 3829	3832	3862	A 3863	

B 3864　& 519、819 各1本の2本どり　% 3753、3822 各1本の2本どり　● 3799 フレンチノット・S（1本どり）2回巻き

— 3799 バック・S（1本どり）　— 922 バック・S　— 3799 バック・S　— 3832 バック・S

ねこふんじゃった

- **図案サイズ** （約）横12.4cm×縦7.5cm（68マス×41マス）
- **布** DMCリネン28ct（842）

※作品に仕立てる場合はp.74参照

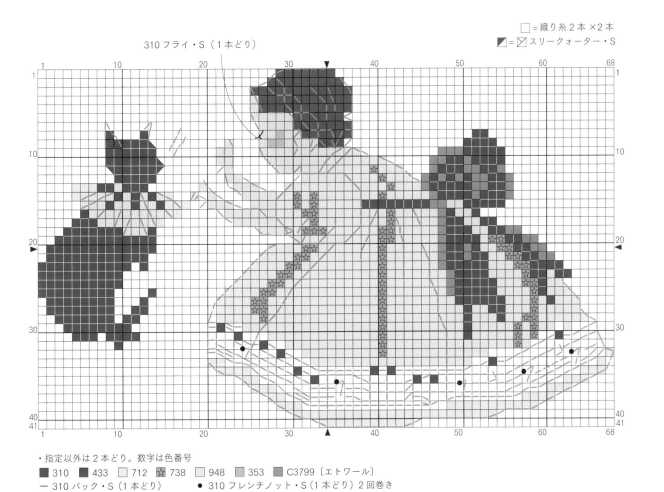

□=織り糸2本×2本

◨=◪スリークォーター・S

310 フライ・S（1本どり）

- 指定以外は2本どり。数字は色番号

■ 310　■ 433　□ 712　☆ 738　□ 948　■ 353　■ C3799〔エトワール〕

— 310 バック・S（1本どり）　● 310 フレンチノット・S（1本どり）2回巻き

- **図案サイズ** （約）横16cm×縦16.9cm（88マス×93マス）
- **布** DMCリネン28ct（784）

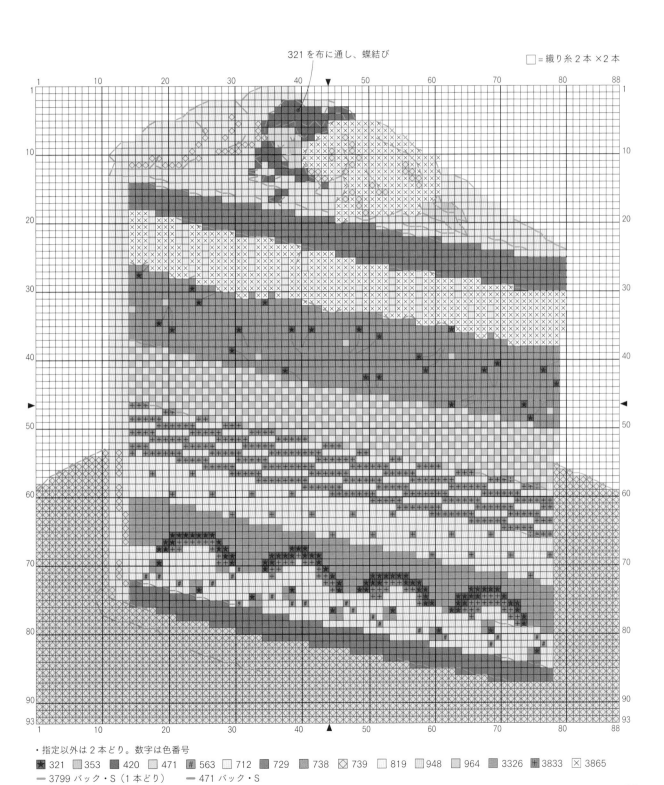

321を布に通し、蝶結び

□＝織り糸2本×2本

・指定以外は2本どり。数字は色番号

★ 321　 353　 420　 471　# 563　 712　 729　 738　◇ 739　 819　 948　 964　 3326　 3833　 3865
― 3799 バック・S（1本どり）　― 471 バック・S

リボン

● 図案サイズ　（約）横18cm×縦7.1cm（99マス×39マス）

● 布　　DMCアイーダ14ct（ECRU）

※作品に仕立てる場合はp.75参照

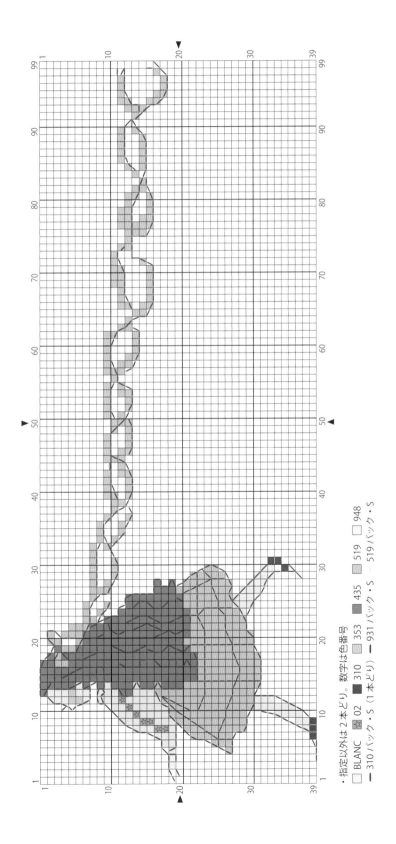

・指定以外は2本どり。数字は色番号

□ BLANC	⊠ 02	■ 310	▨ 353	■ 435	▨ 519	□ 948

— 310バック・S（1本どり）　— 931バック・S　— 519バック・S

— 519バック・S

ラッピング

- 図案サイズ　（約）横12.8cm×縦19.1cm（70マス×105マス）
- 布　DMCアイーダ14ct（162）

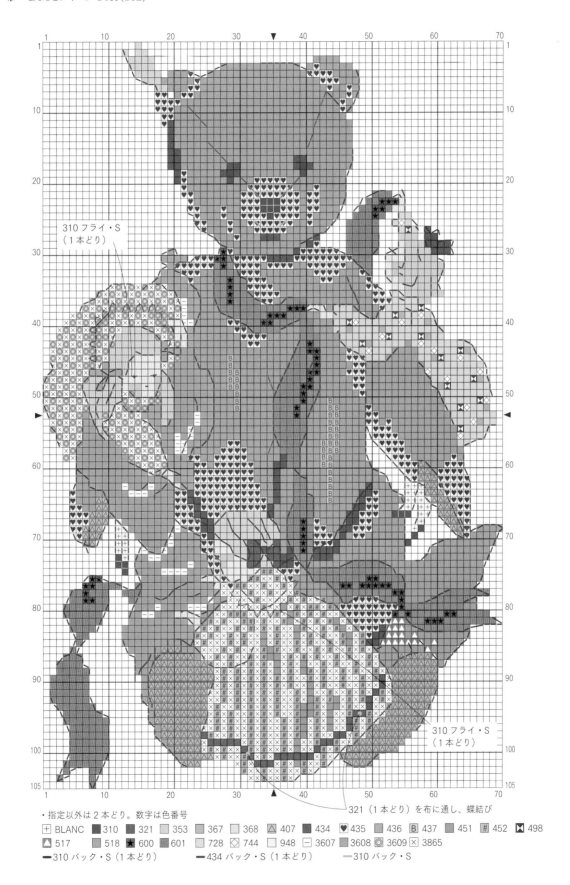

310 フライ・S
（1本どり）

310 フライ・S
（1本どり）

321（1本どり）を布に通し、蝶結び

・指定以外は2本どり。数字は色番号

| ＋ | BLANC | | 310 | | 321 | | 353 | | 367 | | 368 | △ | 407 | | 434 | ♥ | 435 | | 436 | B | 437 | | 451 | # | 452 | ⊠ | 498 |
| ▲ | 517 | | 518 | ★ | 600 | | 601 | | 728 | ◇ | 744 | | 948 | － | 3607 | | 3608 | ◎ | 3609 | ✕ | 3865 |

━310 バック・S（1本どり）　　　━434 バック・S（1本どり）　　　━310 バック・S

針供養

- 図案サイズ　（約）横10.9cm×縦17.8cm（60マス×98マス）
- 布　DMCリネン28ct（306）

□=織り糸2本×2本

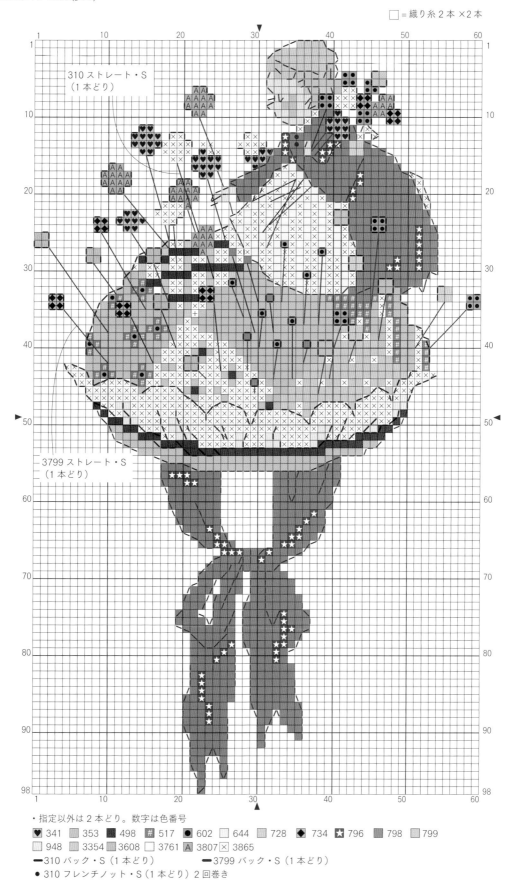

・指定以外は2本どり。数字は色番号

♥ 341　353　■ 498　# 517　● 602　644　728　◆ 734　★ 796　798　799
948　3354　3608　3761　A 3807　× 3865
━ 310 バック・S（1本どり）　━ 3799 バック・S（1本どり）
● 310 フレンチノット・S（1本どり）2回巻き

黒猫と女の子

- **図案サイズ**　左・リボンの女の子(約)横4.9cm×縦5.7cm(27マス×31マス)、
  右・黒猫(約)横6.6cm×縦4.2cm(36マス×23マス)
- **布**　DMCリネン28ct(3865)

※作品に仕立てる場合はp.76参照

□ = 織り糸2本×2本

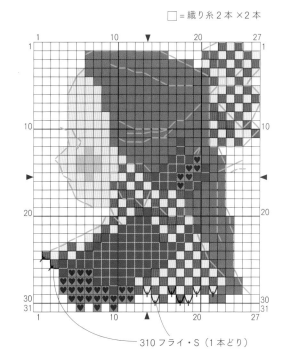

・指定以外は2本どり。数字は色番号

- ■ 310　■ 321　□ 353　■ 435
- □ 712　□ 948　♥ C3799〔エトワール〕
- — 310 バック・S（1本どり）

310 フライ・S（1本どり）

738 ストレート・S（1本どり）

□ = 織り糸2本×2本

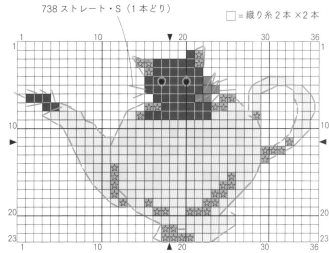

・指定以外は2本どり。数字は色番号

- ■ 310　■ 518　□ 712　☆ 738　□ 3761
- — 310 バック・S（1本どり）
- ◉ 310 フレンチノット・S（1本どり）2回巻き、
  まわりに 738 レジーデイジー・S（1本どり）

おやつの時間

- **図案サイズ** （約）横13.1cm×縦17.1cm（72マス×94マス）
- **布** DMCアイーダ14ct（168）

= ⊠ スリークォーター・S

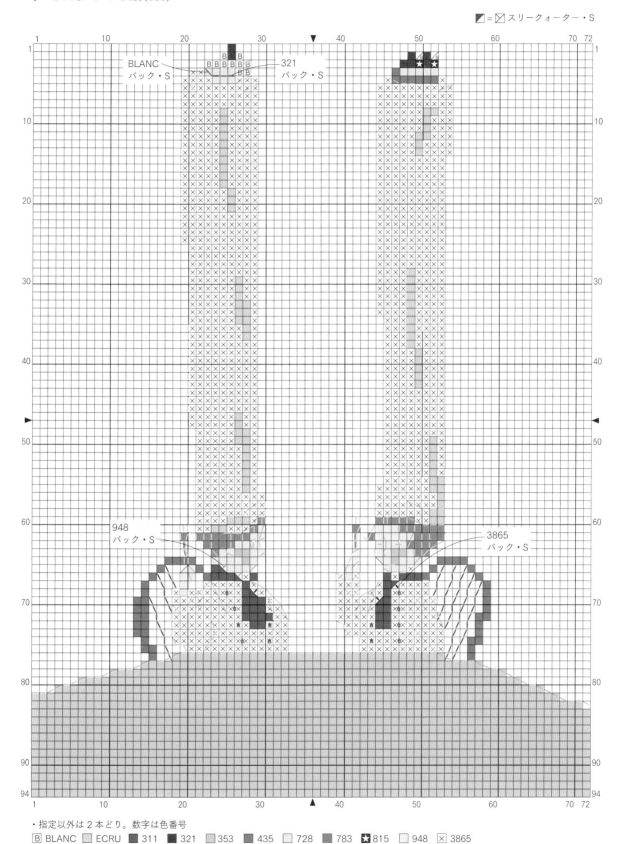

・指定以外は2本どり。数字は色番号

B BLANC ECRU 311 321 353 435 728 783 ★ 815 948 × 3865

— 3799 バック・S（1本どり）　—783 バック・S　—435 バック・S　♦ 3799 レジーデイジー・S（1本どり）

- **図案サイズ** （約）横10.6cm×縦13.8cm（58マス×76マス）
- **布** DMCアイーダ14ct（644）

※作品に仕立てる場合はp.78参照

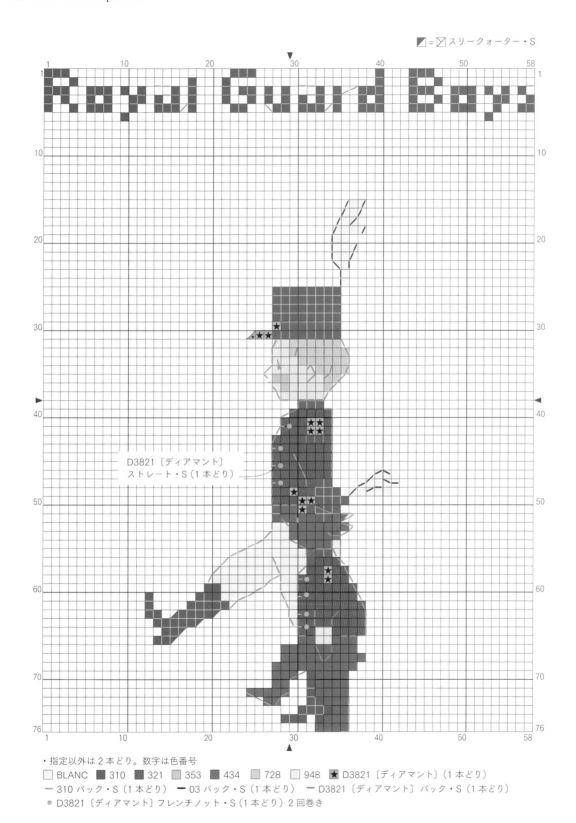

- 指定以外は2本どり。数字は色番号

□ BLANC ■ 310 ■ 321 ▨ 353 ■ 434 ▨ 728 □ 948 ★ D3821〔ディアマント〕（1本どり）
— 310 バック・S（1本どり）　— 03 バック・S（1本どり）　— D3821〔ディアマント〕バック・S（1本どり）
● D3821〔ディアマント〕フレンチノット・S（1本どり）2回巻き

みずたま

- **図案サイズ**　（約）横14.9cm×縦18.8cm（82マス×103マス）

- **布**　DMCアイーダ14ct（(712)

■ = ⊠ スリークォーター・S

- 指定以外は 2 本どり。数字は色番号

⊞ BLANC　◎ 03　■ 310　■ 321　▨ 353　▨ 518　▨ 728　Ⓐ 744　■ 792　■ 986　▨ 948　■ 310、321 各 1 本の 2 本どり

━ 3799 バック・S　━ 3799 バック・S（1 本どり）　━ 310 バック・S（1 本どり）　━ 310 バック・S　━ 986 バック・S

家族

- **図案サイズ** （約）横21.1cm×縦9.3cm（116マス×51マス）
- **布** DMCリネン28ct（306）

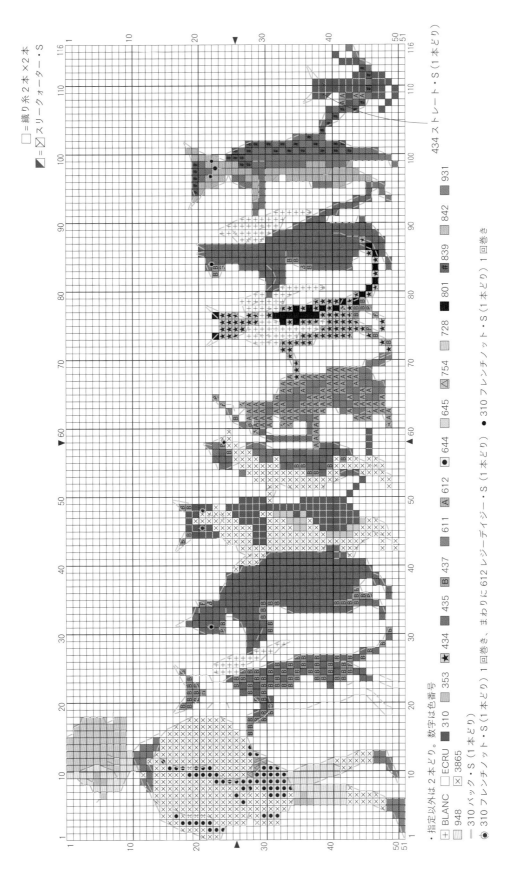

□＝織り糸2本×2本

■＝☒ スリークォーター・S

■＝☒ スリークォーター・S

434 ストレート・S（1本どり）

・指定以外は2本どり。数字は色番号

＋ BLANC　□ ECRU　☒ 3865

948　　3865

☒ 310 フレンチノット・S（1本どり）1回巻き

● 310 フレンチノット・S（1本どり）1回巻き、まわりに 612 レジーデイジー・S（1本どり）　● 310 フレンチノット・S（1本どり）

★ 434　353 310　611　435　B 437　A 612　644　645 754　728　801　839　842　931

太陽と月

- 図案サイズ　(約) 横16.8cm×縦21.3cm (92マス×117マス)
- 布　DMCアイーダ14ct (644)

D3821 ストレート・S
（1本どり）

・指定以外は2本どり。数字は色番号

⊞ BLANC　■ 310　■ 311　▢ 353　▢ 519　● 535　▢ 644　■ 729　■ 840　▢ 948　⊠ 3865　★ D3821〔ディアマント〕(1本どり)
━ 3799 バック・S (1本どり)　━ 311 バック・S

ダンス

- **図案サイズ** （約）横9.1cm×縦11.3cm（50マス×62マス）
- **布** DMCアイーダ14ct（ECRU）

※額装する場合はp.72、73参照

3799 フライ・S（1本どり）

- 指定以外は2本どり。数字は色番号

＋ BLANC	■ 310	■ 311	□ 353	★ 517	■ 518	□ 728	✕ 743	□ 948	■ 3857	■ 3858	♥ C3799〔エトワール〕

— 3799 バック・S（1本どり）　— 310 ストレート・S　● 310 フレンチノット・S（1本どり）2回巻き

{ 動物たち }

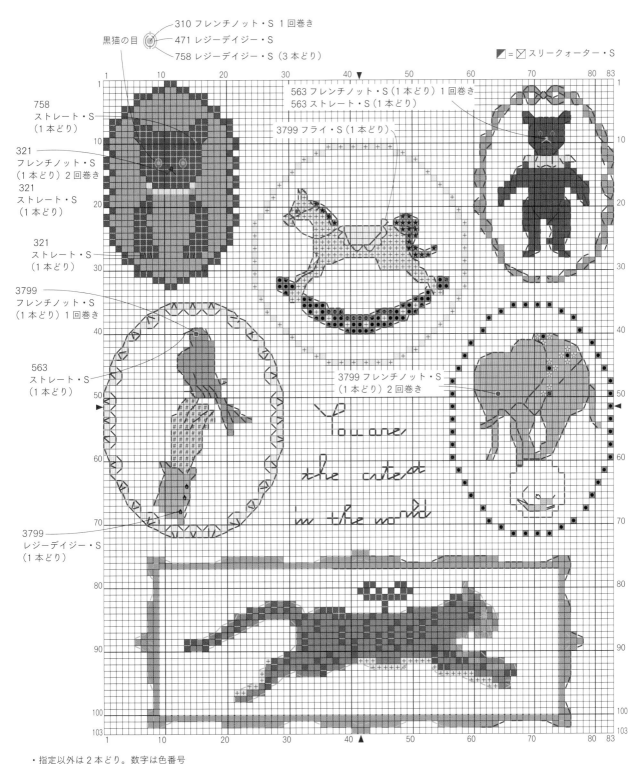

- 図案サイズ　（約）横15.1cm×縦18.8cm（83マス×103マス）
- 布　DMCアイーダ14ct（712）

310 フレンチノット・S　1回巻き
471 レジーデイジー・S
黒猫の目
758 レジーデイジー・S（3本どり）

■ = ⊠ スリークォーター・S

563 フレンチノット・S（1本どり）1回巻き
563 ストレート・S（1本どり）

3799 フライ・S（1本どり）

758
ストレート・S
（1本どり）

321
フレンチノット・S
（1本どり）2回巻き
321
ストレート・S
（1本どり）

321
ストレート・S
（1本どり）

3799
フレンチノット・S
（1本どり）1回巻き

563
ストレート・S
（1本どり）

3799 フレンチノット・S
（1本どり）2回巻き

3799
レジーデイジー・S
（1本どり）

You are
the cutest
in the world

・指定以外は2本どり。数字は色番号
☆ ECRU　■ 310　■ 318　■ 400　★ 436　□ 471　■ 563　■ 738　✛ 739　■ 758　■ 813　□ 819　# 951　■ 976　■ 3716　● 3832
— 310 バック・S（1本どり）　— 3799 バック・S（1本どり）　✎ 310 フレンチノット・S（1本どり）1回巻き、310 ストレート・S（1本どり）
— 3832 バック・S　　— 318 バック・S　　▲ 3799 フレンチノット・S（1本どり）1回巻き、3799 ストレート・S（1本どり）
◉ 3799 フレンチノット・S（1本どり）1回巻き、まわりに 563 レジーデイジー・S（1本どり）

花と女の子

- 図案サイズ　(約) 横13.7cm×縦17.1cm (75マス×94マス)
- 布　DMCアイーダ14ct (BLANC)

= スリークォーター・S

3799 レジーデイジー・S
（1本どり）

3799 ストレート・S
（1本どり）

3853 ランニング・S（2本どり）

・指定以外は2本どり。数字は色番号

ECRU　153　% 155　310　★ 327　A 333　◎ 554　680　729　3834　# 3835　× 3836

― 310 バック・S（1本どり）　― 310 バック・S　― 3799 バック・S（1本どり）　― 680 バック・S　― 333 バック・S

Spring

- 図案サイズ　（約）横15.5cm×縦16.4cm（85マス×90マス）
- 布　DMCアイーダ14ct（BLANC）

※フレームに仕立てる場合はp.73参照

3733 を布に通し、蝶結び

- 指定以外は2本どり。数字は色番号

	BLANC		151	A	156	☆	341		353	B	470	◎	471		733	☒	734	C	739		754		760		728	★	904

	905		906		948	#	951	H	988	▲	989		3354	E	3733		3747	✛	3819	＆	471、739 各1本の2本どり

━ ━　3799 バック・S（1本どり）

Summer

- **図案サイズ**　（約）横15.7cm×縦15.3cm（86マス×84マス）
- **布**　DMCアイーダ14ct（BLANC）

※フレームに仕立てる場合はp.73参照

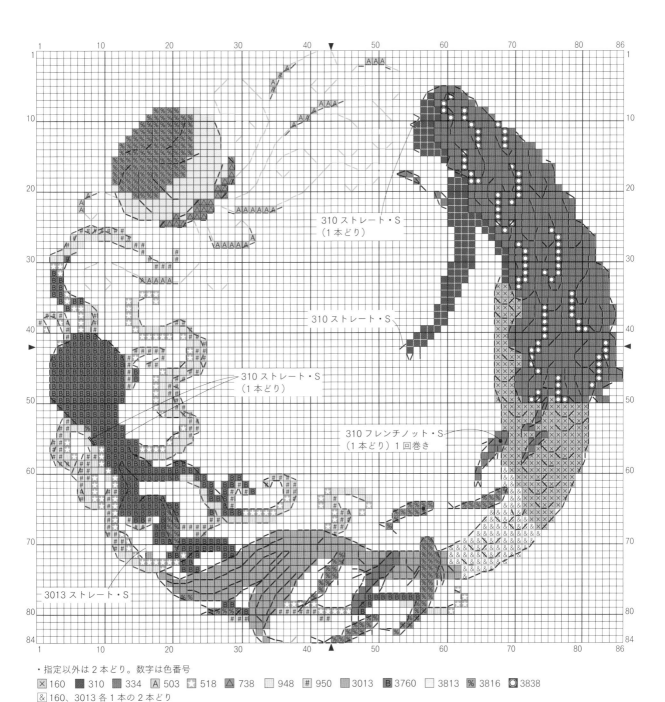

310 ストレート・S
（1本どり）

310 ストレート・S

310 ストレート・S
（1本どり）

310 フレンチノット・S
（1本どり）1回巻き

3013 ストレート・S

・指定以外は2本どり。数字は色番号
☒ 160　█ 310　▨ 334　Ａ 503　★ 518　△ 738　▨ 948　# 950　▨ 3013　Ｂ 3760　▨ 3813　% 3816　◎ 3838
⊠ 160、3013 各1本の2本どり
━ 3799 バック・S（1本どり）　━ 535 バック・S（1本どり）　━ 503 バック・S　━ 3013 バック・S

Autumn

- **図案サイズ**　（約）横15.5cm×縦16.6cm（85マス×91マス）
- **布**　DMCアイーダ14ct（712）

※フレームに仕立てる場合はp.73参照

3799 フライ・S（1本どり）

3799 ストレート・S（1本どり）

434 ストレート・S

・指定以外は2本どり。数字は色番号

★	300		301		400	△	420	A	434	H	522		524	B	680		720	G	721		728	C	729	%	734	◎	777	☆	783

| | 817 | | 842 | # | 950 | × | 3820 | | 3834 | & | 420 を刺した上に 400（1本どり）を刺す |

— 3799 バック・S（1本どり）　— 783 バック・S　— 817 バック・S　— 317 バック・S

— 317 バック・S（1本どり）　— 3820 バック・S　— 301 バック・S　— 680 バック・S

Winter

- 図案サイズ　（約）横15.7cm×縦15.9cm（86マス×87マス）
- 布　DMCアイーダ14ct（BLANC）

※フレームに仕立てる場合はp.73参照

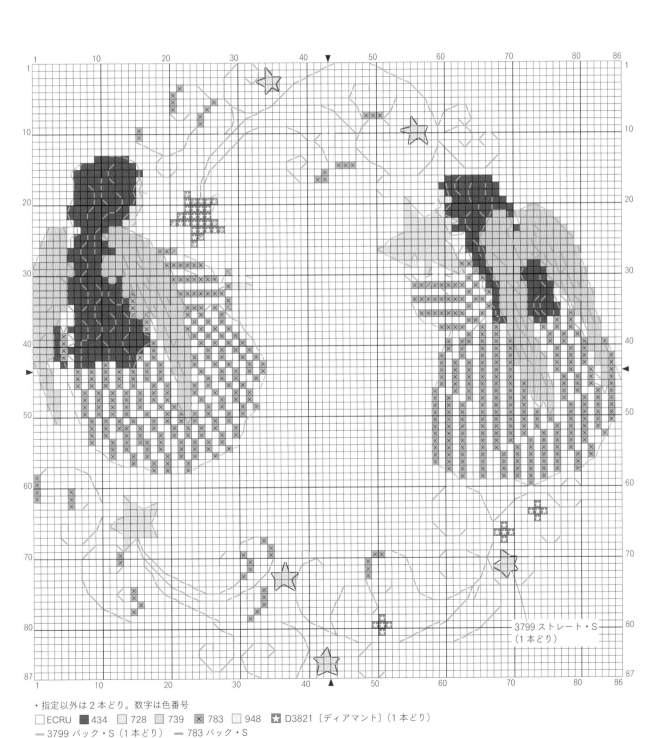

3799 ストレート・S
（1本どり）

・指定以外は2本どり。数字は色番号

☐ ECRU　◼ 434　☐ 728　☐ 739　☒ 783　☐ 948　★ D3821〔ディアマント〕（1本どり）

— 3799 バック・S（1本どり）　— 783 バック・S

Rose

なつやすみ

- **図案サイズ**　Rose（約）横4.9cm×縦10.4cm（27マス×57マス）、
　　　　　　　　なつやすみ（約）横12cm×縦7.9cm（66マス×43マス）
- **布**　DMCアイーダ14ct　Rose（963）、なつやすみ（ECRU）

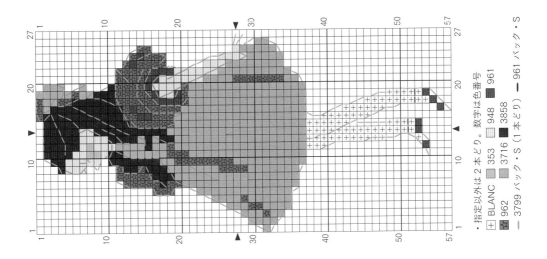

・指定以外は2本どり。数字は色番号

＋ BLANC	353	948	961
962	3716	3858
― 3799 バック・S（1本どり）	― 961 バック・S

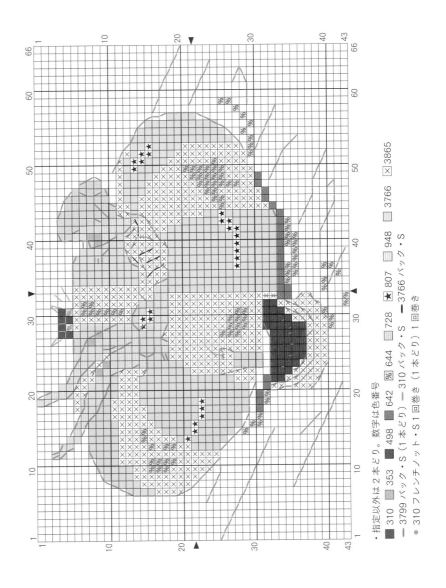

・指定以外は2本どり。数字は色番号

310	353	498	642	％ 644	728	★ 807	948	3766	× 3865
― 3799 バック・S（1本どり）	― 310 バック・S	― 3766 バック・S
― 310 フレンチノット・S1回巻き	● 310（1本どり）1回巻き

魔法使いの女の子

ふたご

- **図案サイズ** 魔法使いの女の子(約)横7.5cm×縦11.3cm(41マス×62マス)、
  ふたご(約)横6.6cm×縦9.1cm(36マス×50マス)
- **布** DMCアイーダ14ct　魔法使いの女の子(644)、ふたご(168)

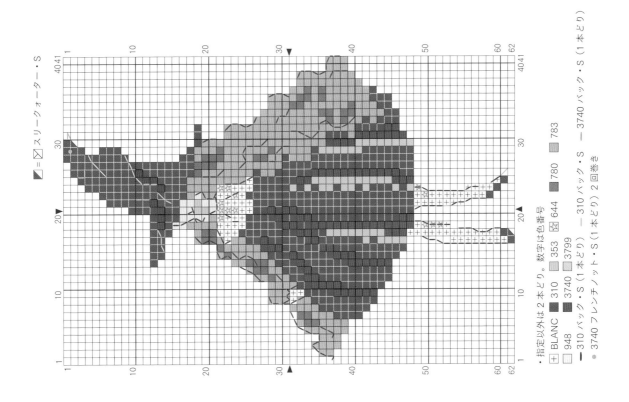

■＝⊠ スリークォーター・S

・指定以外は2本どり。数字は色番号
田 BLANC　■ 310　■ 353　図 644　■ 780　■ 783
□ 948　■ 3740　■ 3799
― 310 バック・S(1本どり)　― 310 バック・S(1本どり)　― 3740 バック・S(1本どり)
― 3740 フレンチノット・S(1本どり)2回巻き

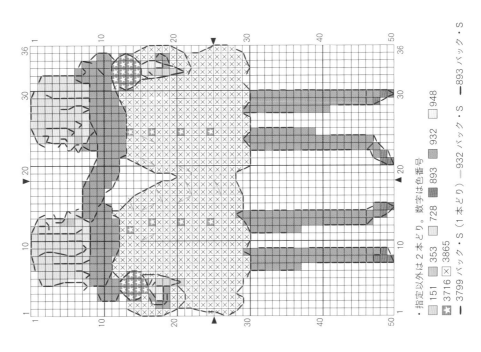

・指定以外は2本どり。数字は色番号
□ 151　■ 353　■ 728　■ 893　■ 932　□ 948
■ 3716　⊠ 3865
― 3799 バック・S(1本どり)　― 932 バック・S　― 893 バック・S

61

夏のこどもたち

62

- **図案サイズ**　春のこどもたち (約) 横11.5cm × 縦10cm (63マス×55マス)、
　　　　　　　夏のこどもたち (約) 横11.3cm × 縦10cm (62マス×55マス)
- **布**　DMCアイーダ14ct　春のこどもたち (712)、夏のこどもたち (162)

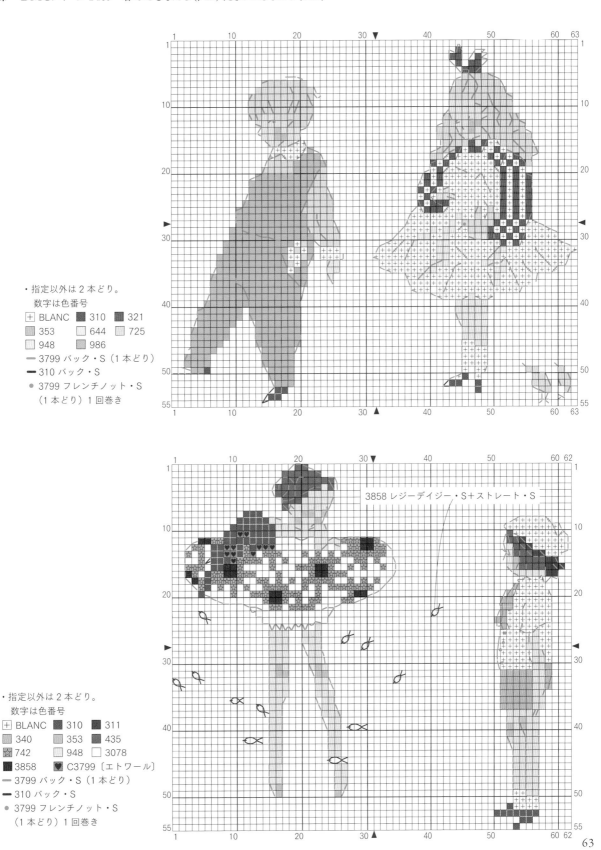

・指定以外は2本どり。
　数字は色番号
⊞ BLANC　■ 310　■ 321
■ 353　□ 644　□ 725
□ 948　■ 986
― 3799 バック・S (1本どり)
― 310 バック・S
● 3799 フレンチノット・S
　(1本どり) 1回巻き

3858 レジーデイジー・S＋ストレート・S

・指定以外は2本どり。
　数字は色番号
⊞ BLANC　■ 310　■ 311
■ 340　■ 353　■ 435
✸ 742　□ 948　□ 3078
■ 3858　♥ C3799〔エトワール〕
― 3799 バック・S (1本どり)
― 310 バック・S
● 3799 フレンチノット・S
　(1本どり) 1回巻き

Happy Holidays

冬のこどもたち

- **図案サイズ** 秋のこどもたち(約)横9.7cm×縦9.3cm(53マス×51マス)、
  冬のこどもたち(約)横11.5cm×縦9.1cm(63マス×50マス)
- **布** DMCアイーダ14ct 秋のこどもたち(712)、冬のこどもたち(712)

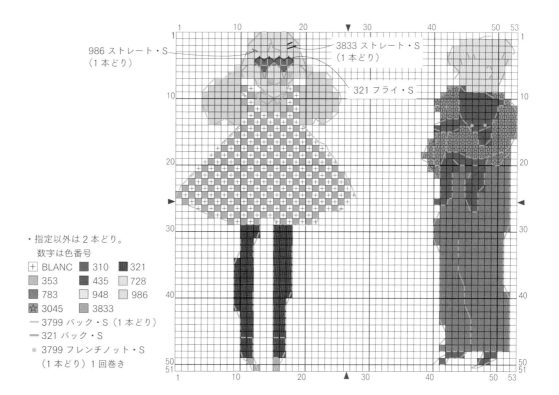

986 ストレート・S
(1本どり)

3833 ストレート・S
(1本どり)

321 フライ・S

・指定以外は2本どり。
　数字は色番号
- ⊞ BLANC
- ■ 310
- ■ 321
- ■ 353
- ■ 435
- ■ 728
- ■ 783
- ■ 948
- ■ 986
- ☆ 3045
- ■ 3833
- ─ 3799 バック・S（1本どり）
- ─ 321 バック・S
- ● 3799 フレンチノット・S
  （1本どり）1回巻き

■ = ☒ スリークォーター・S

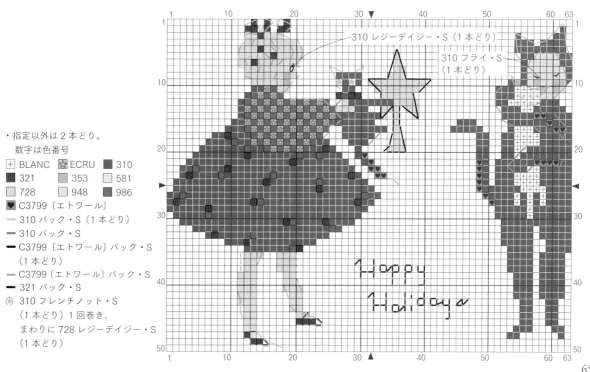

310 レジーデイジー・S（1本どり）

310 フライ・S
（1本どり）

Happy
Holidays

・指定以外は2本どり。
　数字は色番号
- ⊞ BLANC
- ☆ ECRU
- ■ 310
- ■ 321
- ■ 353
- ■ 581
- ■ 728
- ■ 948
- ■ 986
- ♥ C3799〔エトワール〕
- ─ 310 バック・S（1本どり）
- ─ 310 バック・S
- ━ C3799〔エトワール〕バック・S
  （1本どり）
- ─ C3799〔エトワール〕バック・S
- ━ 321 バック・S
- ◉ 310 フレンチノット・S
  （1本どり）1回巻き、
  まわりに728 レジーデイジー・S
  （1本どり）

オーナメント

〔 応用作品 〕

p.46 と 48 のサンプラーをリネン生地に刺し、オーナメントに仕上げました。
お気に入りのモチーフをレースやリボンと組み合わせると、華やかな小物に。
女の子の夢が詰まったとっておきの宝物を仕立ててみて。

仕立て方 … p.79

図案のアレンジ ※数字は色番号

くま 図案 p.47	・**布**	DMC リネン 28ct 左 784、右 312
	・**糸**	（ボディ）400 → 434、（えり）819 → blanc
		右のみ（リボンフレーム、目の周囲、鼻、口）563 → 3326
女の子 図案 p.49	・**布**	DMC リネン 28ct 3865
	・**糸**	（花芯）333 と（えり）155 → 3326、（花弁）ECRU → 818
バラ 図案 p.49	・**布**	DMC リネン 28ct 3865
	・**糸**	（バラ）3836 →（花芯）223 と（花弁）224、
		（葉）3834 → 3858、（枝）310 と（バック・S）3799 → 3857

How to make

ークロスステッチの基礎と小物の仕立て方ー

クロスステッチの基礎

クロスステッチは基本の「×」の形のステッチで図柄を描くシンプルな刺しゅう。
はじめての方でも図案の通りに×を刺していけば、作品が仕上がります。
用意するものと、きれいに刺すためのポイントを紹介します。

素材と道具

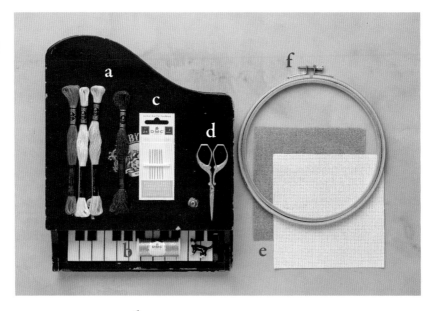

a 刺しゅう糸

本書ではDMC25番刺しゅう糸を使用。綿100％で光沢があり、色数が豊富。ラメ入りもある〔DMC エトワール〕。6本の糸がゆるく束になっていて、1本ずつ引き出し、必要本数を引き揃えて使う。

b DMC ディアマント（メタリック糸）

上品な輝きのメタリック糸。1本が25番刺しゅう糸の2本どりと同程度の太さ。本書では1本で使用。からまないよう、25番刺しゅう糸よりも短めに切って使う。

c クロスステッチ針

針先が丸まったクロスステッチ専用針で、糸の使用本数によってサイズを使い分けるとよい。2本どりの場合は、24番が最適。

d 糸切りはさみ

刺しゅう糸を切るのには、切れ味がよく先の細い糸切りはさみが便利。一度刺したステッチをほどくときにも使う。

e 刺しゅう用布

クロスステッチは正方形のマス目に刺すため、縦横の織り目が同比率で目が数えやすい布を使う。本書ではDMCアイーダ（14ct）とDMCリネン（28ct）を使用。

f 刺しゅう枠（フレーム）

刺しゅうをするときに布をピンと張り、刺しやすくするための枠。内枠に別布を巻くと、セットした布がすべりにくくなる。円形の他、楕円形もある。

刺し始める前に

●布について

DMC アイーダ（14ct）
10cmに55目。マス目が数えやすく、初心者でも刺しやすい。

DMC リネン（28ct）
10cmに織り糸110本。縦糸2本×横糸2本を1マスと数えると、アイーダ14ctと同じサイズになる。数えまちがえやすいため気をつける。

〔実物大〕

カウント（ct）のこと

1インチ（2.54cm）の中に入るマス目、または織り糸の数のこと。14ctの場合は14目、18ctの場合は18目を指し、数字が少ないほど粗く、大きいほど細かい目の布になる。本書ではアイーダ（14ct）もしくはリネン（28ct）を使用しているため、どちらの布に刺しても同じ仕上がりサイズになる。（リネンはアイーダよりも刺し縮みしやすいため、仕上がりに若干の誤差が出ることがある。）布によって風合いが異なるため、仕上がりの好みに合わせて選ぶとよい。

※いずれも1インチ（2.54cm）角

14ct（14マス）

18ct（18マス）

● 布の準備

図案サイズに余白分を加えて大きめに裁ちます。
額装や刺しゅう枠仕立てにする場合は、p.72、73、小物に仕立てる場合は、p.74からの各作品の仕立て方を参照してください。

1 クロスステッチは端から刺し始めるとずれることがあるため、中心から刺し始めるとよい。布を四つ折りにして中心を決める。

2 布端がほつれないよう、しつけ糸などで縁を巻きかがる。

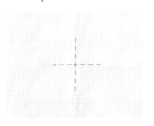
3 折り目に合わせて、しつけ糸などで中心に粗く十字を刺す。

● 刺しゅう糸の扱い方

2本以上同時に引き出すとからまりやすいため、必ず1本ずつ引き出しましょう。
ラベルには色番号が入っているため、外さずに残しておきます。

1 ラベルを押さえ、糸端をつまんで6本の束をそっと50cm（メタリック糸は30cm）ほど引き出して切る。

2 糸端を軽くほぐし、1本ずつ必要な本数を引き出す。

3 引き抜いた糸の端を指定の本数揃えてまとめる。写真は2本どりの場合。

4 針に糸を通し、糸がよじれないようにきれいに揃える。

● 糸の始末　※裏面で解説

玉結びや玉どめをせず、糸端を裏に渡る糸に通すことで、抜けないようにします。
刺し上がったら余分な糸を切り、裏もきれいに仕上げましょう。

刺し始め

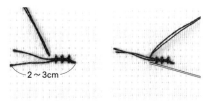

裏に糸端を2〜3cm残しておき、糸端をくるんで刺し進める。

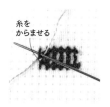
〔1本どり、または1目だけ刺す場合〕
裏に渡っている糸に2〜3回針を入れて、糸をからませる。

刺し終わり

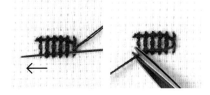

裏に渡っている糸に3〜4目針をくぐらせ、余分な糸を切る。

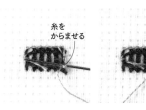
〔1本どり、または1目だけ刺す場合〕
刺し始めと同様にし、糸端を少し残して切る。

クロスステッチの刺し方

ハーフ・S（p.71）で刺しながら往復する方法と、一目ずつ仕上げる方法があります。刺し進め方（横に進む、縦に進むなど）を揃えると、糸に無駄が出ず、自然に表も裏もきれいに仕上がります。離れた位置に刺す場合、3～4目であれば裏に糸を渡してもかまいません。
※奇数＋出＝針を出す位置（例・1出）、偶数＋入＝針を入れる位置（例・2入）。点線は糸が裏を渡る部分。

● 横に進む方法

ハーフ・Sで右に進み、左に戻りながら完成させる方法。裏は糸が縦に並ぶ。

1 マス目の左下 **1** から針を出し、**2** に入れる。次に **3** から出し、次のマス目の右上（★ **4**）に入れる。続けて同様に刺す。

2 端まで刺したら、右下 **7** から針を出し、左上（★ **8**）に入れる。

3 **2** をくり返して×を完成させていく。最後は左上（★ **12**）に入れる。
※刺し終わって次の列に移るときは、下のマス目の左下から針を出す

● 縦に進む方法

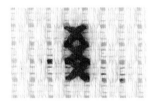 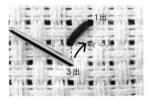  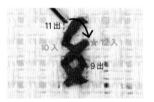

ハーフ・Sで下に進み、上に戻りながら×を完成させる方法。裏は糸が縦に並ぶ。

1 マス目の右上 **1** から針を出し、左下 **2** に入れる。次に下のマス目の左下 **3** から出し、右上（★ **4**）に入れる。続けて同様に刺す。
※ 2列ごとに、針を出し入れする方向が変わるので注意する

2 最後が奇数列の場合は左上 **7** から針を出し、右下（★ **8**）に入れる。
※最後が偶数列の場合は右下から針を出し、左上に入れる。その後上の列の左上から針を出し、2、3と同様に続ける

3 **9** から針を出し、**10** に針を入れる。**11** から針を出し、最後は右下（★ **12**）に入れる。

● 1目ずつ仕上げる方法（斜めに進む場合）

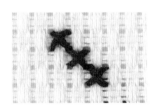   

1目ずつ×を完成させながら刺す方法。1目だけ刺したいとき、目が離れているときなどに応用できる。

1 マス目の左下 **1** から針を出し、**2** に入れる。**3** から出し、右下（★ **4**）に入れる。これで1目完成。

2 続けて刺したいときは右下のマス目に移り、**1** と同様に1目ずつ完成させながら刺す。

3 最後は右下（★ **12**）に入れる。

きれいに刺すために

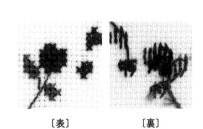

〔表〕　　〔裏〕

作品の中では×の目のかけ方（重なり方向）を揃えること。本書ではフランス式と呼ばれる＼が上の方法で統一しています。2本どりの場合、糸がよじれたり重なったりしないようにして、一針ごとに整えながらふっくらと刺しましょう。刺し方を揃えることで、表も裏もきれいに仕上がります。

〔NG例〕

 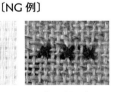

糸の重なり方向がバラバラ　　糸の引きすぎ、よじれなど

● スリークォーター・S

マス目の半分を三角形に埋める刺し方。

● ハーフ・S（ハーフクロス・S）

マス目の対角線に刺す。重ねるとクロスステッチになる。

● バック・S

続けて線を描きたいときに使用。

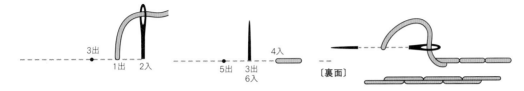

〔裏面〕

● ストレート・S

シンプルに直線を表現するステッチ。

● フライ・S

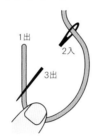 

1 図のように針を出し、糸をかける。

2 糸を引く。

3 外側に針を入れてとめる。引き加減やとめる位置でV字、U字、Y字に形が変化する。

● フレンチノット・S（2回巻き）

少し離れたところで巻く

2に刺してから左手の糸を引くとノットが1に近づく

1 針を出し、糸を指定の回数巻く。

2 同じ位置（または織り糸1本の位置）に針を入れ、布のきわまで糸を引く。

3 巻いた糸がゆるまないようにして針を裏に引き抜く。巻く回数や引き締め加減でノット（結び目）の大きさが変化する。

● レジーデージー・S

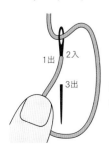

1 図のように針を出し、糸をかける。

2 糸を引く。

3 外側に針を入れてとめる。引き加減やとめ方で形が変化する。

2で糸を強く引くと細い形になる

仕上げの方法

刺し上がった刺しゅう布はアイロンをかけ、きれいに整えて飾りましょう。
額や刺しゅう枠に入れて仕上げる方法をご紹介します。

● アイロンのかけ方

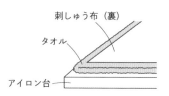

刺しゅう布（裏）
タオル
アイロン台

1 刺しゅう布の裏から霧吹きでしっかりと湿らせて布目を整え、タオルを敷いたアイロン台に裏向きにのせる。

2 刺しゅう部分を潰さないように気をつけながら、アイロンは滑らさず、軽く置くようにして少しずつ移動させてかける。

マット仕上げ（額装）の場合

大きめの額に入れる場合は余白を広く取り、額縁店などでマット加工をすると、刺しゅう作品がより引き立ちます。その場合は額装仕上げの**6**でマットを入れてから作品を入れましょう。

● 額装（四角フレーム）仕上げ

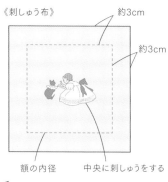

《刺しゅう布》　約3cm　約3cm
額の内径　中央に刺しゅうをする

1 刺しゅう布を用意する。

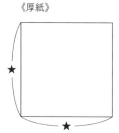

《厚紙》
★＝額の内径－2～3mm

2 厚紙を額の内径よりひとまわり小さく切り取る。布を当てて地色が透ける場合は布に近い色の紙を貼る。

両面テープ
＋（裏）
（裏）

3 厚紙の裏面上下に両面テープを貼り、刺しゅう布の中心に合わせて置く。

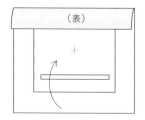

（表）

4 上下の布を折り返し、両面テープで貼る。
※軽く貼り、ずれがないか確認してから布がピンと張るようにしっかりと貼る。

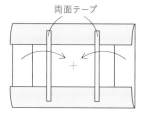

両面テープ

5 厚紙の左右に両面テープを貼り、左右の布を**4**と同様に折り返して貼る。

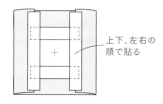

上下、左右の順で貼る

6 布端をマスキングテープ（あれば額装用のパーマセル、アーチストテープなど）でカバーして額に入れる。

\完成/

※楕円額の場合は**3**～**6**でp.73「刺しゅう枠（丸フレーム）仕上げ」の**1**～**4**を参照し、厚紙を入れて額に入れる

● 刺しゅう枠（丸フレーム）仕上げ　　※楕円刺しゅう枠の場合も同様。

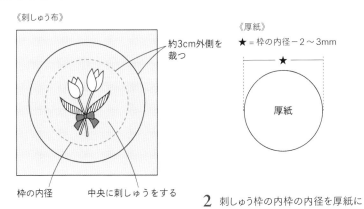

《刺しゅう布》

約3cm外側を裁つ

枠の内径　　中央に刺しゅうをする

1 刺しゅう布を用意する。

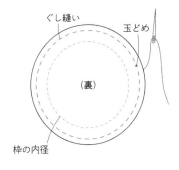

《厚紙》

★ = 枠の内径 − 2 ～ 3mm

厚紙

2 刺しゅう枠の内枠の内径を厚紙に写し、ひとまわり小さく切り取る。布を当てて地色が透ける場合は、布に近い色の紙を貼る。

ぐし縫い

玉どめ

（裏）

枠の内径

3 刺しゅう布の周囲をぐし縫いする。

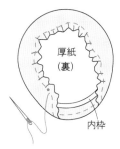

厚紙（裏）

内枠

4 内枠と厚紙を入れ、中心を確認しながら、布が張るように糸を引き絞って、玉どめをする。

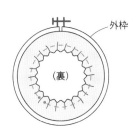

外枠

（裏）

5 刺しゅうの天地左右を確認し、外枠をはめる。

＼完成／

Point　裏面もきれいに仕上げる場合

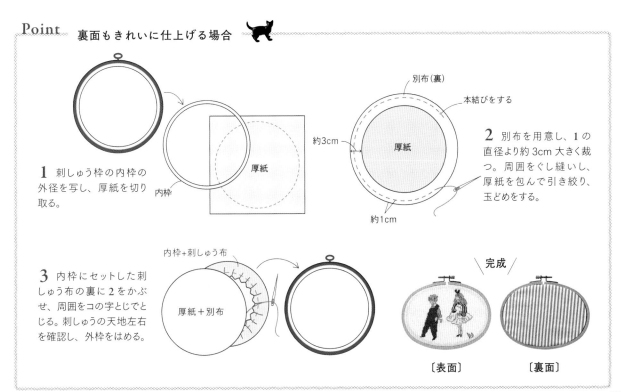

1 刺しゅう枠の内枠の外径を写し、厚紙を切り取る。

内枠

厚紙

別布（裏）

本結びをする

約3cm

厚紙

約1cm

2 別布を用意し、**1** の直径より約 3cm 大きく裁つ。周囲をぐし縫いし、厚紙を包んで引き絞り、玉どめをする。

3 内枠にセットした刺しゅう布の裏に **2** をかぶせ、周囲をコの字とじでとじる。刺しゅうの天地左右を確認し、外枠をはめる。

内枠＋刺しゅう布

厚紙＋別布

＼完成／

〔表面〕　　〔裏面〕

P.22,23 ねこふんじゃった〔フリルトートバッグ〕

- **外布** DMCリネン28ct(842) 140cm幅×50cmまたは38.1×45.7cm(カットクロス) 4枚

  ※前面のみ使用の場合、DMCリネン28ct(842) 30×40cm、平織りリネン(ベージュ) 110cm幅×50cm

- **その他** 内布・綿ブロード(無地) 60cm×40cm、接着芯 52×36cm

- **寸法図** ※縫い代を含む。底の角はP.77の実物大型紙をあてて裁つ

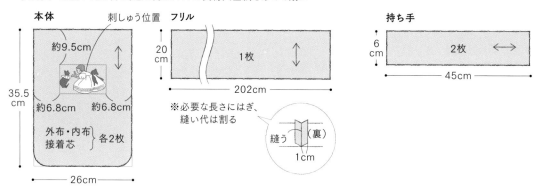

本体　刺しゅう位置　フリル　　　　　　持ち手
約9.5cm　　35.5cm　約6.8cm　約6.8cm　外布・内布接着芯 各2枚　26cm
20cm　1枚　202cm　※必要な長さにはぎ、縫い代は割る　縫う（裏）1cm
6cm　2枚　45cm

- **作り方**

1 外布に刺しゅうをし、裏に接着芯を貼る

2 フリルを中表に二つ折りにし、両端を縫う。
上糸調子を弱めて粗ミシンを2本かけ、糸を引いて
長さ約90cmになるよう、均等にギャザーを寄せる

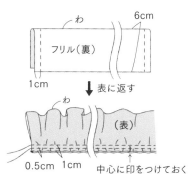

わ　6cm　フリル（裏）　1cm
表に返す
わ　（表）　0.5cm　1cm　中心に印をつけておく

3 持ち手を外表に四つ折りにして縫う

0.3cm　1cm　2cm　0.3cm

4 外布にフリルを仮どめする

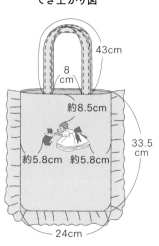

1.5cm　1.5cm
フリル端
0.7cm　わ　外布（表）
フリルの中心と端を固定し、バランスよくギャザーを調整してしつけをかける
中心

5 外布に持ち手を仮どめする

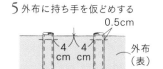

0.5cm　4cm　4cm　外布（表）

6 外布と内布を中表にして入れ口を縫い、縫い代を割る(2組作る)

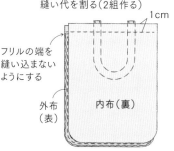

1cm
フリルの端を縫い込まないようにする
外布（表）　内布（裏）

7 外布と内布を開いて中表にする。
入れ口を合わせて返し口を残して周囲を縫い、カーブに切り込みを入れる。しつけ糸を取る

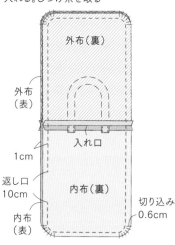

外布（裏）
外布（表）　入れ口
1cm　内布（裏）
返し口10cm
内布（表）　切り込み0.6cm

8 返し口から表に返し、返し口をとじる

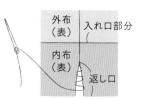

外布（表）　入れ口部分
内布（表）　返し口

9 内布を0.1cm控えて入れ口にステッチする

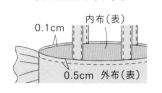

内布（表）　0.1cm　0.5cm　外布（表）

でき上がり図

43cm　8cm　約8.5cm　約5.8cm　約5.8cm　33.5cm　24cm

P.26,27 **リボン〔ポーチ〕**

- **外布** DMCアイーダ14ct(ECRU) 25×30cm
- **その他** 内布・綿ブロード(ギンガムチェック)25cm×30cm、ファスナー20cm　1本

● **寸法図** ※縫い代を含む

本体

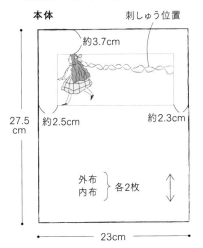

刺しゅう位置

約3.7cm

27.5cm

約2.5cm　　約2.3cm

外布 内布 } 各2枚

23cm

● **作り方**

1 外布に刺しゅうをする

2 ファスナーの上止め側は両端を裏に折って縫いとめる

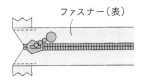

ファスナー(表)

3 外布とファスナーを中表にして仮どめする

1.5cm　　0.5cm　　1.5cm

ファスナー(裏)

底

外布(表)

4 外布と内布を中表に合わせて縫う

0.7cm

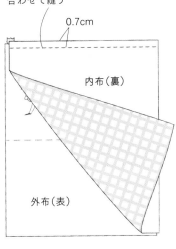

内布(裏)

外布(表)

5 スライダーを動かしながら反対側も 3、4と同様に縫う ※ファスナーは最後は半分開けておく

0.7cm　　0.5cm　　ファスナー(裏)

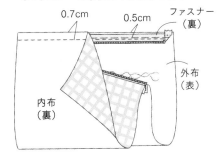

内布(裏)

外布(表)

6 入れ口を合わせて、返し口を残して両わきを縫う

1cm

内布(裏)

入れ口

外布(裏)

返し口 6cm

ファスナーと縫い代は外布側に倒す

7 返し口から表に返し、返し口をとじる。ファスナーあきから、表に返す

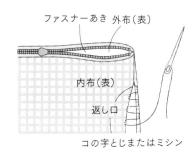

ファスナーあき　外布(表)

内布(表)

返し口

コの字とじまたはミシン

でき上がり図

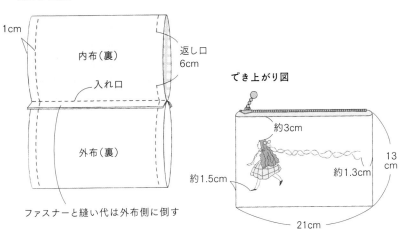

約3cm

約1.5cm　　約1.3cm

13cm

21cm

P.32,33 黒猫と女の子〔巾着〕

- **外布** DMCリネン28ct(3865)〔大〕40×25cm,〔小〕30×20cm
- **その他** 内布・綿ブロード(無地)〔大〕40×25cm,〔小〕30×20cm、
  接着芯〔大〕34×16cm,〔小〕28×14cm、リボン(10mm幅) 各100cm

- **寸法図** ※型紙に縫い代1cmつけて裁つ。寸法以外は大小共通
  ※実物大型紙、刺しゅう位置はP.77

- **作り方**

1 外布に刺しゅうをし、裏に接着芯を貼る

2 外布と内布を中表にして
入れ口を縫い、縫い代を
割る(2組作る)

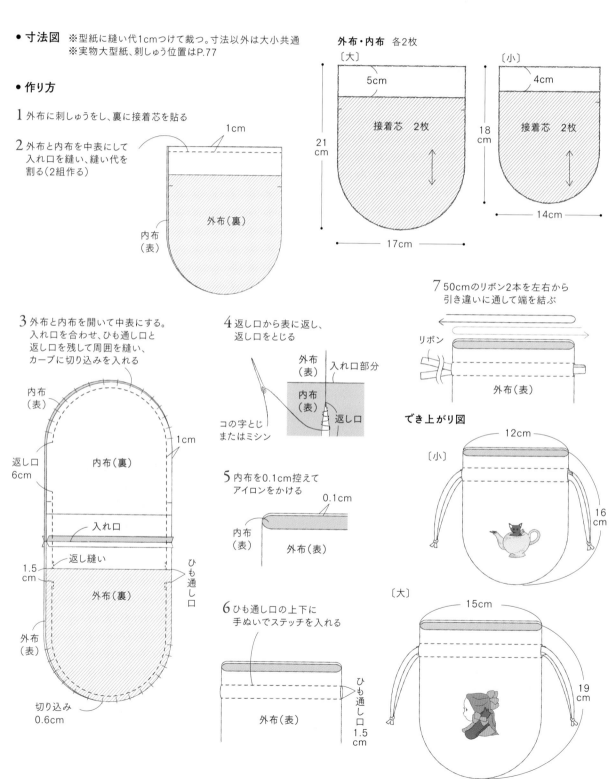

外布・内布 各2枚

〔大〕
5cm
接着芯 2枚
21cm
17cm

〔小〕
4cm
接着芯 2枚
18cm
14cm

1cm
外布(裏)
内布(表)

3 外布と内布を開いて中表にする。
入れ口を合わせ、ひも通し口と
返し口を残して周囲を縫い、
カーブに切り込みを入れる

内布(表)
内布(裏)
1cm
返し口 6cm
入れ口
返し縫い
1.5cm
外布(裏)
外布(表)
ひも通し口
切り込み 0.6cm

4 返し口から表に返し、
返し口をとじる

外布(表) 入れ口部分
内布(表)
コの字とじ
またはミシン 返し口

5 内布を0.1cm控えて
アイロンをかける

0.1cm
内布(表)
外布(表)

6 ひも通し口の上下に
手ぬいでステッチを入れる

外布(表)
ひも通し口 1.5cm

7 50cmのリボン2本を左右から
引き違いに通して端を結ぶ

リボン
外布(表)

でき上がり図

〔小〕
12cm
16cm

〔大〕
15cm
19cm

76

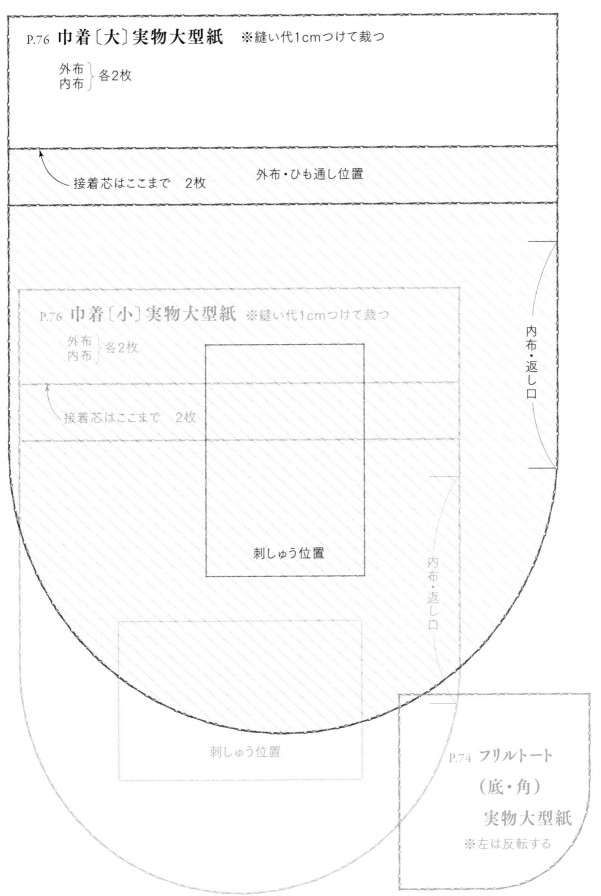

P.76 **巾着〔大〕実物大型紙** ※縫い代1cmつけて裁つ

外布 } 各2枚
内布

接着芯はここまで　2枚

外布・ひも通し位置

内布・返し口

P.76 **巾着〔小〕実物大型紙** ※縫い代1cmつけて裁つ

外布 } 各2枚
内布

接着芯はここまで　2枚

刺しゅう位置

内布・返し口

刺しゅう位置

P.74 **フリルトート**

（底・角）

実物大型紙

※左は反転する

- **外布** DMCアイーダ14ct(644) 35×45cm
- **その他** 内布・綿ブロード(ギンガムチェック)50cm×25cm

● 寸法図 ※縫い代を含む。

本体

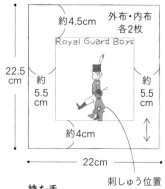

約4.5cm 外布・内布 各2枚

Royal Guard Boys

22.5cm

約5.5cm 約5.5cm

約4cm

22cm

刺しゅう位置

持ち手

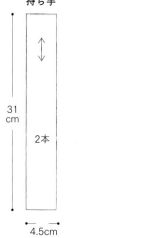

31cm

2本

4.5cm

● 作り方

1 外布に刺しゅうをする

2 持ち手を外表に四つ折りにして縫う

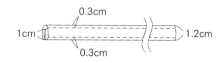

0.3cm

1cm 1.2cm

0.3cm

3 外布に持ち手を仮どめする

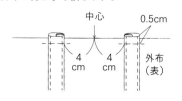

中心 0.5cm

4cm 4cm 外布(表)

4 外布と内布を中表にして入れ口を縫い、縫い代を割る(2組作る)

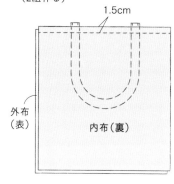

1.5cm

外布(表)

内布(裏)

5 外布と内布を開いて中表にする。入れ口を合わせて返し口を残して周囲を縫う

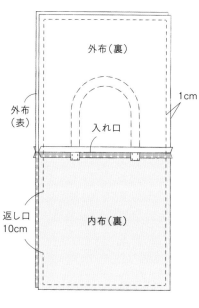

外布(裏)

外布(表)

入れ口

1cm

返し口10cm

内布(裏)

6 縫い代を2枚一緒に倒してアイロンをかける

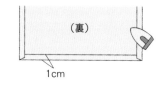

(裏)

1cm

7 返し口から表に返し、返し口をとじる

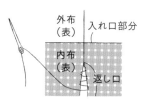

外布(表) 入れ口部分

内布(表)

返し口

8 内布を0.1cm控えて入れ口にステッチを入れる

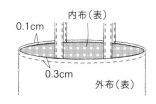

0.1cm

内布(表)

0.3cm

外布(表)

でき上がり図

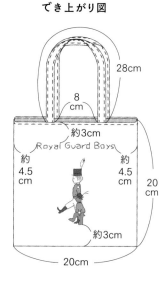

28cm

8cm

約3cm

Royal Guard Boys

約4.5cm 約4.5cm

20cm

約3cm

20cm

- **布** DMCリネン28ct〔女の子〕(3865) 18×10cm 、〔バラ〕(3865) 20×10cm、〔くま〕(312、または784)15×10cm
- **その他** 接着芯〔女の子〕16×10cm、〔バラ〕18×9cm、〔くま〕14×9cm、
  好みのレース〔女の子、バラ〕各40〜45cm、好みのリボン 各12〜14cm、中綿 各適量

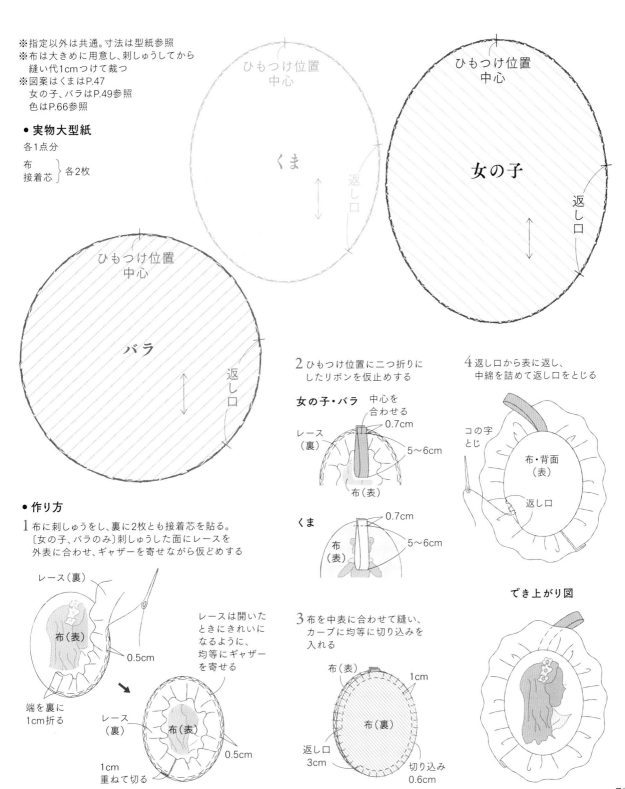

※指定以外は共通。寸法は型紙参照
※布は大きめに用意し、刺しゅうしてから
　縫い代1cmつけて裁つ
※図案はくまはP.47
　女の子、バラはP.49参照
　色はP.66参照

● **実物大型紙**
各1点分
布
接着芯 }各2枚

くま

ひもつけ位置
中心

返し口

ひもつけ位置
中心

女の子

返し口

ひもつけ位置
中心

バラ

返し口

2 ひもつけ位置に二つ折りに
したリボンを仮止めする

女の子・バラ　中心を
合わせる
0.7cm
レース
（裏）
5〜6cm
布（表）

くま
0.7cm
布
（表）
5〜6cm

4 返し口から表に返し、
中綿を詰めて返し口をとじる

コの字
とじ

布・背面
（表）

返し口

● **作り方**
1 布に刺しゅうをし、裏に2枚とも接着芯を貼る。
〔女の子、バラのみ〕刺しゅうした面にレースを
外表に合わせ、ギャザーを寄せながら仮どめする

レース（裏）

布（表）

0.5cm

端を裏に
1cm折る

レースは開いた
ときにきれいに
なるように、
均等にギャザー
を寄せる

レース
（裏）
布（表）

0.5cm

1cm
重ねて切る

3 布を中表に合わせて縫い、
カーブに均等に切り込みを
入れる

布（表）

1cm

布（裏）

返し口
3cm

切り込み
0.6cm

でき上がり図

［著者］くらはしれい

岐阜県生まれ。絵本作家。イラストレーター。こどもや動物などの、どこか不思議でレトロな雰囲気で、独特な色合いのイラストを得意とする。書籍や絵本の挿絵、お菓子のパッケージ、ファブリック、雑貨などのイラストも手がける。近著に『こねこのトト』（白泉社）、『おてがみBOOK』（世界文化社）などがある。絵本作品に『王さまのお菓子』（世界文化社）、『レミーさんのひきだし』（小学館）他多数。

https://kurahashirei.com/
Instagram ＠ hakoniwa01
X ＠ hakoniwa01kdnm

［刺しゅう・図案］加納博子

京都市生まれ。同志社大学卒。おんどり手芸アカデミーにて欧風刺しゅうを学ぶ。現在は横浜にてアトリエ加納主宰。人と自然へのやさしい心を常に、本や刺しゅうキットへのデザインを行っている。産経学園（自由が丘、新百合ヶ丘）、株式会社カルチャー（南林間）にて、ヨーロッパ各国に伝わる刺しゅうのテクニックを伝授するとともに、個々の発想を生かす指導を心がけている。

Instagram ＠ ts.atelierk

刺しゅう協力

石塚美保子　加納華　加納春子　亀ヶ谷絋左　川手真喜子
北原厚子　肥塚千恵　小瀬恵美子　小松美紀子　髙原美智子
谷里江子　谷垣内美佐子　土屋洋子　中西益子　中村正江
西川裕美　山田和子　横嶋るり子

Staff

ブックデザイン	後藤美奈子
撮影	島根道昌
	天野憲仁（日本文芸社）
スタイリング	鈴木亜希子
作り方解説	田中利佳　吉居瑞子
トレース	田中利佳　小池百合穂
編集協力	吉居瑞子

素材協力

〔糸、布、刺しゅう枠〕
ディー・エム・シー株式会社
〒101-0035
東京都千代田区神田紺屋町13番地山東ビル7階
TEL 03-5296-7831
http://www.dmc.com/jp

〔布〕
手芸の越前屋（多崎興業株式会社）
〒104-0031
東京都中央区京橋1-1-6
TEL 03-3281-4911
https://www.echizen-ya.co.jp/

撮影協力

piika
〒166-0002
東京都杉並区高円寺北2-39-16 フラワーハイツ中田1F
www.piika39.com

Powder Pink
〒150-0034
東京都渋谷区代官山町2-7 シャトレ代官山105
TEL 03-6416-1015

UTUWA
TEL 03-6447-0070

くらはしれいの
不思議の国のクロスステッチ

2024年1月20日　第1刷発行
2024年10月10日　第5刷発行

著者	くらはしれい
発行者	竹村 響
印刷所	株式会社 光邦
製本所	株式会社 光邦
発行所	株式会社 日本文芸社

〒100-0003
東京都千代田区一ツ橋1-1-1 パレスサイドビル8F

乱丁・落丁本などの不良品、内容に関するお問い合わせは、
小社ウェブサイトお問い合わせフォームまでお願いいたします。
URL https://www.nihonbungeisha.co.jp/

Printed in Japan　112240109-112240925 Ⓝ 05　(201118)
ISBN978-4-537-22178-7
© Kurahashi Rei 2024
編集担当　和田 梓